Ex libris
Emmanuel
Jeanbernat Barthelemy
De Ferrari Doria

Stern gr.   Paris

221 **BOUTON** (Victor) Armorial des Capitaines de Toulouse. Ps, l'Auteur, 1876, pet. in-8 carré avec 19 pl. de blazons color. à la main, tiré à tr. pet. nomb. sur vergé d'Arches, brad., pl. perc. Tr. rare. *1950* 1.800

EX LIBRIS HUBERT de BERAIL

ARMORIAL

DES

CAPITOULS

DE

TOULOUSE

TIRÉ DE

L'ARMORIAL GÉNÉRAL DE FRANCE

DE D'HOZIER

DE 1696 A 1711

Publié par VICTOR BOUTON

PARIS

VICTOR BOUTON, ÉDITEUR

15bis, BOULEVARD SAINT-DENIS

—

1876

ARMORIAL

DES

CAPITOULS

DE

TOULOUSE

ARMORIAL

DES

CAPITOULS

DE

TOULOUSE

TIRÉ DE

L'ARMORIAL GÉNÉRAL DE FRANCE
DE DHOZIER

DE 1696 A 1711

Publié par VICTOR BOUTON

PARIS

VICTOR BOUTON, ÉDITEUR

15bis, BOULEVARD SAINT-DENIS

—

1876

AU LECTEUR

Le titre de ce livre l'explique. Ce sont les Armoiries des Capitouls de Toulouse qui vivaient de 1696 à 1711, et qui les ont présentées à l'Enregistrement de Dhozier, ou qui y ont été inscrits d'office. Nous y avons joint les veuves qui ont vu dans cet enregistrement leur droit à porter des Armoiries comme nobles : l'anoblissement par le Capitoulat, cette magistrature d'une grande cité.

Ce petit volume est prêt depuis longtemps. L'heure où nous sommes ne semble guère propice à ce genre de travaux : néanmoins, nous le présentons aux amateurs comme une actualité.

Voici des armes communales. Ces Capitouls portent la couleur bleue surtout, le bleu du vieil étendard de la France; ils ont à leurs fronts des étoiles, des croissants, des soleils; ils ont des lions, des coqs, des renards même : ils sont vigilants comme des coqs, forts comme des lions, adroits comme des renards. Ils combattent et résistent derrière leurs chevrons et leurs palissades; entourés de croissants et d'étoiles, ils veillent pour vaincre.— Ils ont vieilli, ils ont grandi, ils ont vaincu.

Ce sont ces grands citoyens qui ont pour leur part, dans une des grandes cités de la France méridionale, aidé Louis XIV à *faire la France* de l'Océan au Rhin, de la Méditerranée à la mer du Nord, et qui ont fondé la Monarchie Française sur les ruines de la Féodalité. Car, qu'on ne s'y trompe pas, la société présente remonte, non pas à 89, mais à Louis XIV, le grand Roi.

Les amateurs désirent depuis longtemps un armorial général des Capitouls. C'est une entreprise considérable que d'autres plus hardis que nous entreprendront. Nous sommes plus humbles et nous donnons l'exemple. Notre cadre est restreint et nous n'avons puisé qu'à une source, à Dhozier.

Les Registres de Dhozier sont de deux sortes : les premiers sont l'inscription des personnes et la description des armoiries; les autres sont la représentation des écus coloriés. Nous

nous sommes servis des uns et des autres, en indiquant la page où se trouvent, dans ces derniers, les Capitouls que nous avons réunis. C'est un moyen de contrôler l'exactitude de ce petit travail.

V. B.

15 juillet 1876.

ARMORIAL

DES

CAPITOULS

DE

TOULOUSE

~~~~~~~~~~~~~~~~

1. GUILLAUME ALBERGUE, ancien Capitoul.

Porte : D'or à un arbre de sinople, un chef d'argent chargé d'une teste de loup de sable acostée de deux roses de gueules. — Page 985.

2. JEAN-BERNARD ALBERT, ancien Capitoul de la ville de Toulouse.

Tiercé en pal de sable, d'argent et d'azur. — Page 2439.

Ce sont des armoiries *imposées* parce que ce Capitoul ayant « refusé de fournir la figure ou l'explication de ses dites armoiries, » fut inscrit d'office dans l'*Armorial général*.

Capitoul en 1608 et en 1668, ALBERT se trouve aux Maintenus de M. de Bezons en 1669.

3. François D'AMBELOT, Avocat et ancien Capitoul.

Porte : D'azur à un chevron d'argent accompagné de trois rocs d'échiquier d'or, deux en chef et un en pointe. — Page 1053.

4 Jean ANCEAU, Ecuyer et ancien Capitoul de Toulouse.

Porte : D'azur à trois croissants d'argent, deux et un. — Page 579.

5. Noble Antoine-Joseph D'ARGUEL ou DARGUEL, Ecuyer, ancien Capitoul.

Porte : De gueules à une licorne passante d'argent, et un chef d'azur chargé d'une colombe d'argent éployée. — Page 579.

6. Noble Etienne D'ARSSON, ancien Capitoul, Sgr de la Salvetat.

Porte : D'azur à une barre d'argent accompagnée au canton dextre du chef d'un soleil d'or, et au canton senestre de la pointe, d'un coq d'argent ap-

ARMORIAL
DES
CAPITOULS

Albergue

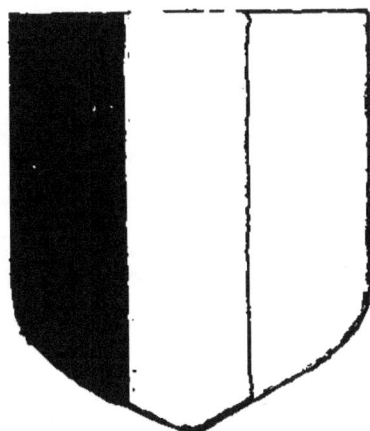

Albert

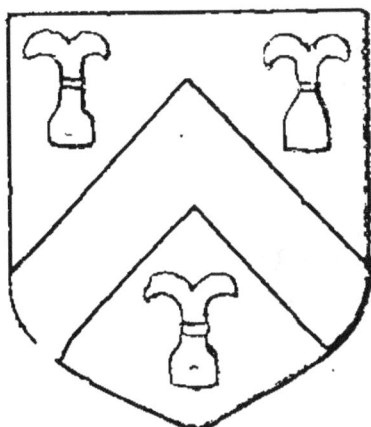

Ambelot

Anceau.

puyant son pied sur un monde d'or croisé de même. — Page 1010.

7. N....., Femme d'ESTIENNE D'ARSSON, Sgr de la Salvetat, ancien Capitoul de la ville de Toulouse.

D'azur à un rocher d'argent surmonté d'une étoile d'or posée entre deux nuages d'argent. — Page 1862.

On voit que l'Arrêt de Louis XIV concernant les Armoiries a été exécuté rigoureusement. On a enregistré d'office, c'est-à-dire d'autorité, en 1703, la femme d'un Capitoul, sans indiquer son prénom et même son nom. Estienne d'ARSSON avait été enregistré en 1698.

8. JEAN AUDIBERT, ancien Capitoul.

Porte : D'or à un chef d'azur chargé de trois étoiles d'argent. — Page 531.

Ne se trouve pas à la Table du Registre Mss.

9. Noble PIERRE D'AUDIBERT, Avocat, ancien Capitoul.

Porte : D'argent à un laurier de si-

nople, et un chef d'azur chargé de trois
étoiles d'argent. — Page 27.

10. Noble FRANÇOIS-LOUIS D'AU-
FRERY DE CARRIÈRE, ancien
Capitoul.

Porte : Coupé, au premier de gueules
à une croix d'or, écartelé d'azur à trois
coquilles d'or ; au second d'azur à une
double croix ou croix patriarchale d'or.
— Page 529.

11. Noble JEAN D'AUFRERY DE
CARRIÈRE, ancien Capitoul.

Porte de même. — Page 530.

12. Noble BERNARD D'AURIOL, ancien Capitoul.

Porte : D'azur à un oiseau essorant
d'argent posé sur trois palmes de sinople liées de gueules, et qui regarde
un soleil d'or. — Page 529.

Au lieu de trois palmes de sinople, le dessin
marque trois palmes d'argent; ce qui est plus
régulier.

AURIOL, à Alet, dans les Maintenus de
M. de Bezons, porte : d'argent au figuier de
sinople, chargé d'un auriol d'or.

Arguel

Arsson

Arsson

Audibert

d'Audibert

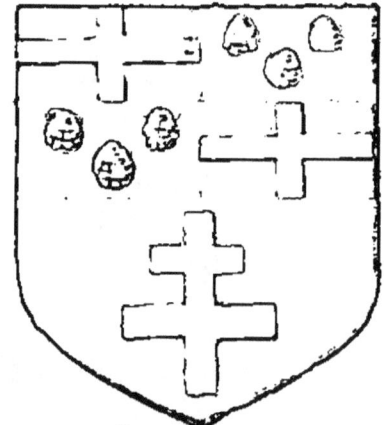

Aufrery

13. Noble MICHEL-ROBERT BACOT,
    ancien Capitoul.

Porte : D'azur à un coq d'or sur une
terrasse de sable, becqué, cretté et on-
glé de gueules, le tout entre deux
montagnes d'argent mouvantes des
deux flancs de l'écu. — Page 259.

14. PIERRE BAILLOT, ancien Capi-
    toul et Sindic de la ville de Tou-
    louse.

Porte : De gueules à un lion d'or
rampant sur une cotice de même, et
un chef d'argent chargé de trois molettes de sable. — Page 584.

15. DOMINIQUE BALADIÉ, ancien Ca-
    pitoul de la ville de Toulouse.

D'or à une croix de gueules. —
Page 2050.

Ce sont des Armoiries imposées, accordées
ou suppléées, pour avoir négligé de fournir la
figure ou l'explication de ses dites armoiries.

16. JEAN DE BALBARIA, Avocat,
    ancien Capitoul.

De gueules, à un lion d'or accompa-

gné en pointe de deux croissans entre-
lassés d'argent, et un chef cousu d'azur
chargé de trois étoiles d'or. — Page
1288.

Armoiries accordées et suppléées par d'Hozier, parce que le blason qui en avait été présenté était mal figuré ou mal expliqué.

17. JEAN (DE) BASTARD, Avocat en Parlement, ancien Capitoul.

Porte : D'azur à un tonneau d'argent soutenu d'un croissant d'or, et
deux corneilles dorées affrontées, une
de chaque côté du tonneau dans lequel
elles boivent. — Page 27.

Dans le manuscrit original de d'Hozier, on
a corrigé ainsi cet article : « Jean DE BASTARD
porte d'or à l'aigle éployé de sable, langué et
membré de gueules (l'Empire) ; mi-party
d'azur à la fleur de lys d'or, écartelé d'azur à
un tonneau d'argent soutenu d'un croissant
d'or et deux aigles dorées affrontées, une de
chaque côté du tonneau dans lequel elles
boivent. »
La particule *de* avait été évidemment ou-
bliée, les autres DE BASTARD portent aussi des
corneilles. Ainsi,

18. N. DE BASTARD, Chevalier,

Conseiller du Roy, Président Trésorier de France Général des Finances en la Généralité de Toulouse.

Porte : D'azur à deux corneilles affrontées d'or beuvant dans un tonneau, d'argent posé entre les deux corneilles et soutenues d'un croissant d'or. — Pages 849 et 2369.

La même correction a été faite comme pour le précédent sur le manuscrit de d'Hozier.

19. Jean BERMONT, ancien Capitoul.

Porte : D'or à un chevron de gueules accompagné en chef de deux arbres arrachés de sinople et en pointe d'une montagne de même. — Page 985.

20. Henri DE BEYNAGUET ou BAINAGUET, ancien Capitoul.

Porte : D'azur à un canard d'argent nageant sur une rivière de même, et un chef d'or chargé de trois lozanges de gueules. — Page 531.

A la table de l'Armorial Général il est écrit Bénaguet.

21. LOUIS-ÉTIENNE BELOT, Avocat en Parlement et Capitoul.

Porte : D'argent à un lion de gueules rampant contre un pin de sinople et un chef de gueules chargé de trois étoiles d'or. — Page 25.

Voyez aussi FOURNEYRON et SOUTERENE.

22. JACQUES DE LA BONNE, Écuyer et Avocat en Parlement et Capitoul.

D'azur à un rocher d'argent, ombré de sable, sommé d'une colombe s'essorante d'argent, tenant en son bec un rameau d'olivier d'or, et un rayon de même mouvant de l'angle dextre du chef. — Page 1288.

Armoiries accordées et suppléées par d'Hozier comme pour BALBARIA.

BONNE, à Castres, porte : de gueules à une bande d'or chargée d'un ours de sable, et a été maintenu par M. de Bezons.

23. FRANÇOISE DE LANUSSE, veuve de JACQUES DE BOUREL, ancien Capitoul.

Porte : De sable à un agneau d'ar-

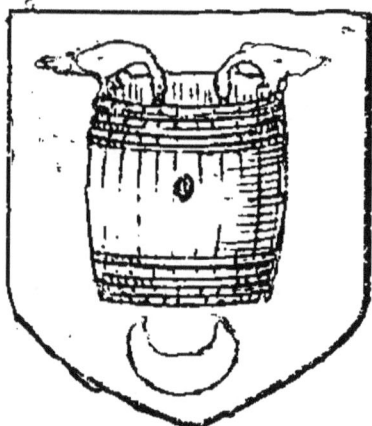

Bastard

de Bastard

Bermont

Belot

La Bonne

Bourel

gent percé par une houlette de même,
et un chef d'azur chargé de trois étoiles
d'argent. — Page 865.

24: François DE BOURRELY, ancien Capitoul de la ville de Toulouze.

Porte : D'azur à un cerf passant d'argent, et un chef cousu de gueules chargé
d'une étoile ou d'un croissant d'or acosté
de deux étoiles du même.

25. Marie DU GOUNET,
veuve de
Jacques BOUSINAT, ancien Capitoul de Toulouze,
a présenté l'armoirie qui

Porte : D'argent à un petit bois de
sinople, et un chef d'azur chargé d'un
croissant d'argent acosté de deux étoiles
d'or. — Page 866.

26. Charles BOUSQUET, Sgr de
Colommier; ancien Capitoul de
Toulouze.

Porte : D'argent à un bois de sinople

accosté de deux lions de gueules affrontés, et un chef d'azur chargé d'un
croissant d'argent acosté de deux étoiles
d'or.

D. Busquet, à Toulouse, Capitoul en 1621,
père de J. Busquet, maintenu noble en vertu
du Capitoulat par M. de Bezons en 1668.

27. Jacques BOYOL, Bourgeois et
   ancien Capitoul.

Porte : D'azur à un lion passant
d'or; coupé de gueules à six besans
d'or posés trois, deux et un. —
Page 40.

28. Daniel DE LA BROSSE, Conseiller du Roy, Lieutenant civil
   et criminel et ancien Capitoul
   de Toulouse.

Porte : D'azur à une trèfle d'argent
en forme de fleur de lys de Florance
florencée. — Page 593.

29. Noble Jean BUGAT, ancien Capitoul.

Porte : D'azur à un chevron d'or

Bourrely

Bousinat

Bousquet

Boyol

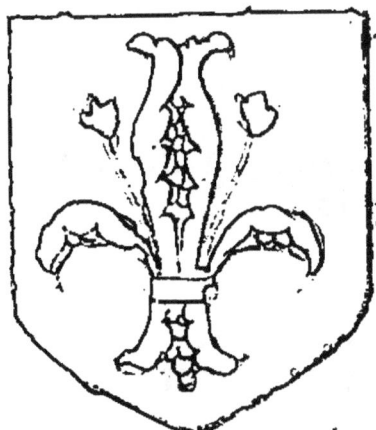

la Brosse

Bugat

chargé de neuf olives de sinople, accompagné en chef de deux étoiles d'argent et en pointe d'un chat de même; et un chef de gueules chargé d'une étoile d'argent accostée de deux oiseaux ou pigeons aussi d'argent. —.Page 531.

Les deux étoiles d'argent ne sont pas sur le registre colorié.

Bugat, à Rieux, se trouve aux Maintenus de M. de Bezons.

30. Noble Nicolas BUTERNE, Assesseur, Capitoul.

Porte : D'azur à deux chevrons d'or accompagnés en pointe d'un rocher d'argent, et un chef de gueules chargé d'une étoile d'or. — Page 584.

31. François CAILLOL, ancien Capitoul.

Porte : D'or à un taureau passant de gueules, et un chef d'azur chargé d'un croissant d'azur accompagné de deux étoiles d'or. — Page 533.

32. Bertrand DE CAMPS, Procureur au Parlement, Capitoul.

Porte : D'or à un chevron de gueules accompagné en chef de deux globes d'azur et en pointe d'un lion de sable lampassé et armé de gueules, et un chef d'azur chargé de trois étoiles d'argent. — Page 1029.

Le registre des inscriptions dit bien deux *globes*, mais le registre des dessins coloriés porte deux *gerbes*.

33. Antoine DE CARGUET, Avocat et ancien Capitoul.

Ecartelé, au 1 et 4, d'azur à un carquois d'or garni de ses flèches et de sa bandolière de même, passés en sautoir avec un arc d'argent ; au 2 et 3, d'argent à cinq têtes de gueules rangées en face, accompagnées en pointe de deux fleurs de même tigées et feuillées de sinople sur une terrasse de même ; et un chef d'azur chargé d'un soleil d'or acosté de deux étoiles de même. — Page 1290.

34. Guillaume DE CARRIÈRE-DOUBLE, Écuyer et ancien Capitoul.

Porte : De gueules à une croix d'or ;

Buterne

Caillol

De Camps

Carguet

Carrière

Caulomb

écartelé d'azur à trois coquilles d'or.
deux en chef et une en pointe. —
Page 579.

Dans les Maintenus de M. de Bezons,
CARRIÈRE-DOUBLE, à Toulouse, porte : de
gueules à la croix d'or, écartelé d'azur à trois
coquilles d'argent ; sur le toüt de güeulës à
trois épis tigés d'or, au chef de même chargé
de trois étoiles de sable.

35. Noble PAUL CAULOMB, ancien Capitoul.

Porté : De gueulés à une fasce d'or
accompagnée de trois colombes d'argent, deux en chef et une en pointe. —
Page 529.

A la table de l'Armorial Général il est écrit :
COLOMB.

36. Noble GUILLAUME DE CAUMELS, Écuyer, ancien Capitoul.

Porte : D'azur à une merlette d'argent enfermée dans un serpent en rond
mordant sa queüe d'or. — Pagè 577.

CAUMELS, à Toulouse, se trouve aux Maintenus de M. de Bezons.

37. Noble JEAN-PIERRE CAUSSÉ,

Avocat en Parlement et ancien Capitoul.

Porte : De gueules à une fasce d'or chargée d'un serpent de sinople et accompagnée de trois colombes d'argent, une en chef et deux en pointe. — Page 28 et 172.

38. Noble Henri DE LA CAZE, Écuyer, ancien Capitoul.

Porte : De gueules à une tour d'argent sur une terrasse de même, et un lion d'or rampant contre la tour. — Page 577.

39. Jean CHARLARY, ancien Capitoul.

Porte : De gueules à une fasce d'or surmontée d'une croisette d'argent entre deux étoiles d'or. — Page 532.

* — CLAUZADE, voyez GAROUSTE·

40. Pierre COLOMES, ancien Capitoul.

Porte : D'azur à une colombe d'argent sur une montagne ou rocher de sable. — Page 985.

Cauinels

Caussé

La Caze

Charlary

Colomes

Conseil

41. JACQUES DU CONSEIL, ancien Capitoul.

Porte : D'azur à un chevron d'or chargé de trois roses de gueules et accompagné de trois croisettes d'argent, deux en chef et une en pointe. — Page 532.

42. FRANÇOISE DAGUT,
    veuve de
Noble JEAN COURBIÈRE, ancien Capitoul.

Porte : D'or à l'aigle de sable surmonté d'une teste de more au naturel accostée de deux étoiles d'azur. — Page 865.

COURBIÈRE est une vieille orthographe; ailleurs dans l'Armorial même il est écrit : Jean DE CORBIÈRE.

Aux Maintenus de M. de Bézons, CORBIÈRE, à Albi, porte : d'azur à une tête d'or en chef, coiffée d'une couronne de laurier de sinople, accompagnée de deux étoiles d'or, à un aigle d'argent en pointe.

43. JEAN-LOUIS COURTOIS, ancien Capitoul.

Porte : D'azur à un caducée d'or en

pal, surmonté d'une étoile de même. —
Page 531.

Jean-Jacques de Courtois, qui porte les
mêmes armes, porte aussi la particule.

44. Françoise DE CAT et DE BOIS-
SONNADE,
veuve et héritière de
Jean DELPEICH, Avocat, ancien
Capitoul de Toulouse.

Porte : De gueules à une ancre d'or,
et un chef cousu d'azur chargé de trois
étoiles d'or; écartelé d'azur à un chevron d'or, accompagné en chef de deux
raisins et en pointe d'un pélican avec sa
piété, le tout d'or. — Page 865.

Le Registre d'inscription porte deux *raisins*,
mais le colorié indique deux *rayons*.

45. Noble Pierre DELPY, Écuyer,
ancien Capitoul.

Porte : D'or à un lyon de gueules
rampant contre un arbre de sinople,
écartelé d'azur à un griffon d'or couronné de même. — Page 577.

— DARGUEL, voyez D'ARGUEL.

— DARSSON, voyez D'ARSSON.

Courbière

Courtois

Delpeuch

Delpy

Delvolve

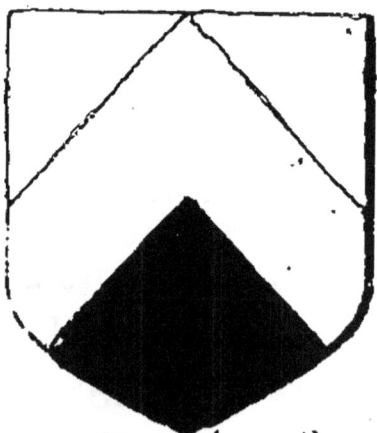

Dembeuf

* — DAUDIBERT, voyez D'AUDI-
BERT.

* — DAUFRERY, voyez D'AU-
FRERY.

* — DAURIOL, voyez D'AURIOL.

46. Jean DELVOUÉ, ou DEVOLVE,
Marchand, ancien Capitoul.

Porte : D'Azur à un chevron d'or
accompagné de trois fleurs de même
en pointe, et un chef cousu de gueules
chargé d'un croissant d'argent acosté
de deux étoiles d'or. — Page 39.

Ces fleurs d'or sont des soucis.

47. Pierre DEMBAUF ou DEM-
BEUF, Capitoul de la ville de
Toulouse.

Tiercé en chevron d'azur, d'argent
et de sable. — Page 2434.

Armoiries imposées, et qui ressemblent
presque à celles de Torilhon, dont elles ne
diffèrent que par le changement d'émail.

48. Noble Pierre DESTOR ou DEL-
TOR, Capitoul.

Porte : D'azur à un aigle d'argent

posé sur un monde de même regardant un soleil d'or posé au premier canton. — Page 582.

49. Noble Louis D'ESPAIGNE, Écuyer, ancien Capitoul.

Porte : D'or à un pin de sinople chargé de deux pigeons d'argent, et un chef d'azur chargé de trois étoiles d'or. — Page 577.

Dans le texte de l'Armorial, il y a bien deux pigeons *d'argent;* mais ils sont indiqués sur le pin; dans le Mss colorié ils sont néanmoins d'argent ainsi que nous les reproduisons. Du reste, on retrouve ces armes dans le blason suivant.

50. DESPAGNE, Conseiller du Roy, Maire de Castelsarrasin.

Porte : D'or à un pin de sinople surmonté de deux pigeons d'azur becqués et membrés de gueules, et un chef d'azur chargé de trois étoiles d'or; ecartelé de gueules à un château sommé de trois tours d'argent massonées de sable.

*—D'ESQUERRE ou DESQUERRE, voyez DU VERGER.

Destor

Dolmières

d'Espaigne

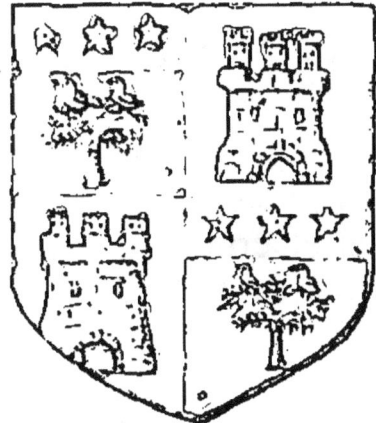

Despagne

Favier

Fonrouge

51. Paul DOLMIÈRES, ancien Capitoul de Toulouze.

Porte : D'azur à un navire flottant d'argent, et un chef de gueules chargé de trois étoiles d'or.

Un Dolmière, portant : écartelé au un et quatre de sinople au levrier passant d'argent, au deux et trois fretté d'argent et de sinople a été maintenu par M. de Bezons en 1668.

52. Jean-Louis FAVIER, Procureur en Parlement et ancien Capitoul.

Porte : De gueules à une grue d'argent avec sa vigilance de même, et un chef cousu d'azur chargé de trois bandes ondées d'argent. — Page 1029.

53. Noble Pierre DE FONROUGE, Avocat en Parlement et ancien Capitoul.

Porte : De gueules à une fontaine d'argent surmontée d'un croissant accosté de deux étoiles de même. — Page 1053.

54. Henry DE LA FONT, Sgr de Cauragoudes, ancien Capitoul.

Porte : De gueules à un lion d'or couronné de même, à l'orle de douze besans aussi d'or; écartelé de gueules à un paon rouant d'or sur une gerbe de même et un chef d'azur chargé de trois étoiles d'or. — Page 42.

55. JEANNE DE FOURNEYRON,
veuve de
JACQUES DE BELOT, Procureur au Parlement et ancien Capitoul.

Porte : D'argent à un lion de gueules rampant contre un pin de sinople et un chef de gueules chargé de trois étoiles d'or; écartelé d'azur à un chevron de gueules. — Page 865.

Ce sont les armes de BELOT écartelées de celles de FOURNEYRON. Voyez BELOT ci-devant.
Ce texte porte à tort un chevron de gueules; mais dans le manuscrit colorié, le chevron est d'or.

56. Noble PIERRE DE GALLI ou DE GALLY, Écuyer, ancien Capitoul.

Porte : D'azur à un coq d'or surmonté d'une étoile de même. — Page 577.

La Font

Fourneyron

Galli

Gardel

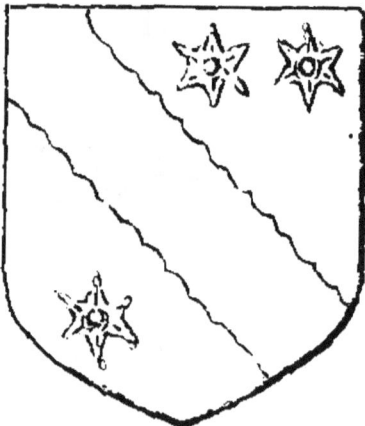

Garouste

La Garrigue

57. N... GARDEL, Avocat en Parlement, ancien Capitoul.

.D'argent à une fasce d'azur chargée de trois étoiles d'or et un chef de sable chargé d'un lion passant d'or. — Page 1290.

Il s'appelait Jean GARDEL.
Armoiries accordées ou suppléées par d'Hozier en même tems que celles de BALBARIA, LA BONNE et d'autres Capitouls.

58. ARMAND CLAUZADE-GAROUSTE, Écuier, Sr de Riolz, ancien Capitoul de la ville de Toulouse.

De gueules à la bande d'or, acostée de trois molettes de même, deux en chef rangées, une en pointe. — Page 2067.

Le manuscrit colorié marque la bande engreslée.

59. Noble MARC-ANTOINE DE LA GARRIGUE, Sgr de Franquelville et de Saint-Loup, ancien Capitoul.

Porte : Écarleté, au 1, d'azur à un arbre d'or chargé au pied d'un croissant de sable et accosté de deux étoiles

d'or ; au 2, d'argent à un lion couché
de sable, coupé d'or à un buisson de
sinople ; au 3, d'azur à trois coquilles
d'or, deux et une ; et au 4, d'azur à une
croix double ou patriarcale, accostée de
deux étoiles et soutenue d'une coquille
de même. — Page 1009.

Dans le Registre colorié, le croissant est
d'argent, sous l'arbre et ne le charge pas.

Antoine La Garrigue, seigneur de Franque-
ville et de La Sale, Capitoul en 1643, et Marc-
Antoine La Garrigue, Capitoul en 1669, se
trouvent aux Maintenus de M. de Bezons.

60. Paul GAUTIER, Conseiller du
Roy, Receveur Général, Païeur
des pages de M. les Officiers du
Parlement, et ancien Capitoul.

Porte : D'or à trois pals de gueules.
— Page 464.

61. Pierre DE GILÈDE, Docteur et
Avocat en Parlement, et ancien
Capitoul de Toulouse.

Porte : D'argent à un chevron d'azur,
accompagné en chef de deux lions de
sable et en pointe d'une flamme de
gueules, et un chef de gueules chargé
d'un croissant d'argent acosté de deux
étoiles d'or. — Page 27.

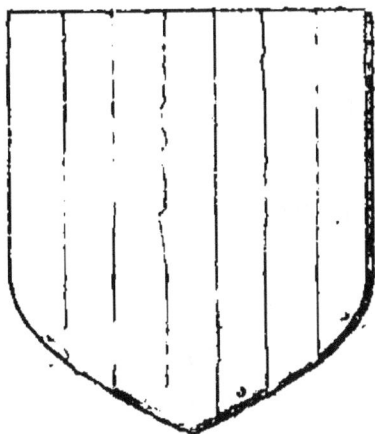

Gautier

Gilède

Giraud

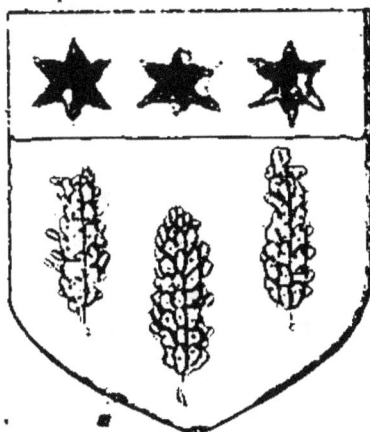

Gras

Greffolet

Guibbert

62. BERNARD GIRAUD ou GÉRAUD,
Conseiller du Roy, Assesseur
de la ville et ancien Capitoul.

.Porte : De gueules à un chevron
d'or accompagné de trois œillets d'argent, deux en .chef, un en pointe, et
un chef d'azur chargé de trois étoiles
d'or.

* — DU GOUNET, voyez BOUSI-
NAT.

63: ANTOINE GRAS, ancien Capitoul
de Toulouze.

Porte : De gueules à trois épis de
bled d'or, deux et un, et un chef d'argent chargé de trois molettes de sable.
— Page 531.

64. FRANÇOIS DE GREFFOLET, ou
DE GRIFFOLET, Écuyer, an-
cien Capitoul.

Porte : Lozangé d'or et d'azur. —
Page 578.

65. JEAN-PIERRE GUILBERT ou
GUIBBERT, Conseiller du Roy,

Substitut de M. le Procureur Général au Parlement de Toulouse et ancien Capitoul de ladite ville.

Porte : D'argent à un chêne fusté de sable et feuillé de sinople, et un chef cousu d'or chargé d'une merlette de sable acostée de deux roses de gueules. — Page 464.

Se trouve aux Maintenus de M. de Bezons.

66. François HAVARD DE LA MASSOINE ou DE LA MASSONIE, ancien Capitoul de la ville de Toulouze.
Tiercé en fasce d'azur, d'argent et de sable. — Page 2438.

Armoiries imposées.

67. Jean HUGONIN, Baron de Launaguet, ancien Capitoul de Toulouze.

Et

68. Louise LAPORTE, sa femme.

Portent : De gueules à un chevron d'or accompagné en pointe d'un arbre de même et un chef cousu d'azur chargé de trois étoiles d'or ; accolé,

Havard

Jacob

Hugonin

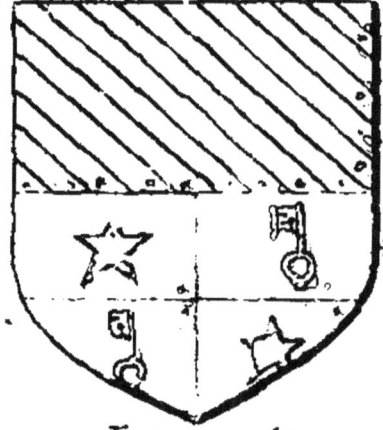

Laporte

Junquières

Larrieu

coupé, au premier d'azur à sept côtices d'or, au second d'azur à une étoile d'or, écartelé de gueules à une clef d'argent. — Page 285.

69. Noble JACQUES JACOB, Capitoul Écuyer.

Porte : De gueules à un coq d'or sur-monté de trois étoiles de même ran-gées en chef. — Page 582.

70. ANTOINE JUNQUIÈRES, ancien Capitoul de Toulouse.

Porte : D'azur à un chevron d'argent accompagné en chef de deux croissans d'or et en pointe d'une gerbe de même.

* — DE LAMARTINE, voyez ROYER.

* — DE LANUSSE, voyez BOUREL.

71. GUILLAUME LARRIEU, Avocat en Parlement et ancien Capitoul.

Porte : D'or à un chevron de sable accompagné de trois écrevisses de gueules, deux en chef et une en pointe. — Page 25.

72. GIRAUD LARROCHE ou **LA ROCHE**, Procureur en Parlement et ancien Capitoul.

Porte : D'azur à un aigle éployé de sable regardant des rayons de soleil d'or et ayant les pieds appuyés sur une montagne d'argent. — Page 1029.

Le registre d'inscription porte par erreur un aigle de sable; mais au Registre colorié l'aigle est d'argent sur un tertre et non sur une montagne.

* — LAUNAQUET, voyez HUGONIN.

73. N... DE SAINT-LAURENT, Écuyer, ancien Capitoul.

Porte : D'azur à un aigle éployé d'argent accompagné de trois besans de même deux en chef et un en pointe; écarleté de gueules à un chevron d'or accompagné de trois besans de même, deux en chef et un en pointe. — Page 578.

Ce doit être Jean DE SAINT-LAURENT.

74. ORENX LAUZE, Avocat et ancien Capitoul.

Porte : D'or à un chevron de gueu-

CAPITOVLS

La Roche

St. Laurent

Lauze

Lespinasse

Lespinasse

Mandat

les, accompagné de trois alouettes de sable, deux en chef et une en pointe, et un chef d'azur chargé de trois étoiles d'argent. — Page 28.

75. Noble ANTOINE LESPINASSE, ancien Capitoul.

Porte : D'or à un pin de sinople, et un chef d'azur chargé de trois étoiles d'argent. — Page 529.

Le pin, dans le Registre colorié, ressemble à un hêtre et au lieu de trois étoiles, ce sont trois soleils d'argent.

76. JAQUES DE LESPINASSE, Avocat et ancien Capitoul.

Porte : De gueules à un pin d'argent et un chef d'azur chargé de trois étoiles d'argent. — Page 28.

Ces Armes ne diffèrent des précédentes que par la différence des émaux. Néanmoins, le Registre colorié porte des soleils au lieu d'étoiles comme le texte l'indique, pour différencier aussi le chef du précédent.

77. Noble JOSEPH MANDAT, Escuyer, Sr de Nouilles, Capitoul.

Porte : D'azur à un lion d'or et un

chef d'argent chargé d'une hure de sanglier de sable, acostée de deux roses de gueules. — Page 582.

78. Joseph MANEN, ancien Capitoul.

Porte : D'argent à un chevron de guëules accompagné de trois gaubelets de même, deux en chef et un en pointe, et un chef d'azur chargé d'un croissant d'argent accosté de deux étoiles de même. — Page 985.

79. Vincent DE MARGASTAUD, Conseiller du Roy, Substitut de M. le Procureur Général au Parlement de Toulouse et ancien Capitoul.

Porte : D'azur à une fasce d'or, accompagnée en pointe d'une mer d'argent ondée d'azur, et un chef cousu de gueules chargé de trois étoiles d'or. — Page 464.

80. Christophe MARIOTE, Escuyer, ancien Capitoul de Toulouse et Secrétaire des États du Languedoc.

Porte : D'azur à une gerbe d'or, sur-

Marien

Margastaud

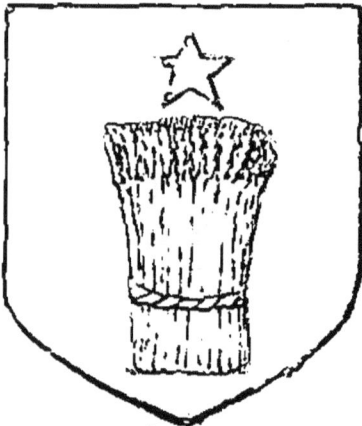

Mariote

de Martin

Meja

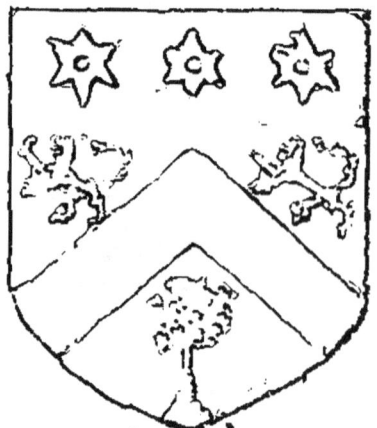

Olivier

montée d'une étoile aussi d'or. — Page
578.

**81. PIERRE DE MARTIN, ancien Ca-
pitoul.**

Porte : D'azur à une fasce d'or chargée de trois hures de sanglier de sable.
— Page 532.

D'Hozier aurait pu ajouter : défendues d'argent.

**82. JEAN-PIERRE MÉJA, Avocat et
ancien Capitoul.**

Porte : De gueules à un pélican avec
sa piété d'argent, surmonté de trois
étoiles de même rangées en chef. —
Page 1052.

DE NAUTÉ, voyez PEGUILHAN.

**83. ANTOINE OLLIVIER ou OLI-
VIER, Avocat en Parlement et
ancien Capitoul.**

Porte : De gueules à un chevron d'or
accompagné en chef de deux lions rampans d'or et en pointe d'un olivier de
même, et un chef cousu d'azur chargé
de trois molettes d'argent. — Page 13.

84. ANTOINE PAGÈS, Avocat en Parlement et ancien Capitoul. . .

Porte : D'argent à un chevron de gueules, accompagné en pointe d'un palmier de sinople, et un chef d'azur chargé de trois étoiles d'argent. — Page 1053.

85. JEAN PARAIRE, ancien Capitoul.

Porte : D'or à deux lions affrontés de gueules, rampans contre un poirier de Sinople, et un chef d'azur chargé de trois étoiles d'or. — Page 532.

86. GABRIELLE DE NAUTÉ,
veuve de
N. PEGUILHAN, ancien Capitoul, a présenté l'Armoirie qui

Porte : De gueules à une croix d'or, écartelé d'azur à une tour d'argent. — Page 866.

Tous les Péguilhan ont la particule : sa veuve ici a oublié de la faire précéder le nom de son mari.

87. GUILLAUME PEINDERIES ou PANDARIES, ancien Capitoul.

Pagès

Paraire

Peguilhan

Peinderies

Pelletier

Pelut

D'azur à une fasce d'argent chargée d'un bélier passant au naturel et accompagnée de trois étoiles d'or deux en chef et une en pointe. — Page 1270.

Armoiries suppléées ou accordées par d'Hozier comme celles de LA BONNE, GALLY et BELBARIA.

88. JEAN PELLETIER, Ecuier et ancien Capitoul.

Porte : D'or à un arbre de Sinople et un chef de gueules, chargé de trois étoiles d'or. — Page 579.

Au Registre colorié le chef est d'azur.

89. PIERRE PELUT, Avocat et ancien - Capitoul.

Porte : D'or à un ours de sable passant devant un pin de sinople. — Page 28.

90. N. PERÈS, Capitoul de la ville de Toulouze.

Porte : D'or à un poirier de sinople fruité du champ, sur lequel sont appuyés deux lions affrontés de gueules. — P. 1859.

C'est Jean-François PERÈS.

91. JEAN PIQUEPÉ, Procureur au Sen^{al} et ancien Capitoul de la ville de Toulouse.

D'azur à un Payrle d'or. — Page 2045.

Armoiries imposées.

92. Noble JEAN PLOS, Capitoul.

Porte : D'or à trois arbres de sinople plantés de rang sur un gazon de même et un chef d'azur chargé d'un croissant d'argent accosté de deux étoiles de même. — Page 582.

93. MARIE D'AZEMART
veuve de
JEAN DU PONT, ancien Capitoul, a présenté l'Armoirie qui

Porte : D'or à une comette de gueules, et un chef d'azur chargé d'une croisette d'argent acostée de deux étoiles d'or. — Page 866.

94. GUILLAUME DE PRADINES, Conseiller du Roy, Assesseur de la ville de Toulouze et ancien Capitoul.

Péros

Piquepé

DuPont

Plos

Pradines

Payou

Porte : D'azur à un chevron d'argent accompagné de trois lions d'or, deux en chef et un en pointe. — Page 584.

PRADINES, à Mirepoix, se trouve aux Maintenus de M. de Bezons.

95. GABRIEL PUYOU ou PAYOU, ou PAYON, Avocat en la Cour et ancien Capitoul.

Porte : D'azur à deux gerbes d'or passées en sautoir. — Page 1054.

96. PIERRE RAY, ancien Capitoul.

Porte : D'azur à un lion d'or regardant un soleil de même qui est posé au premier canton. — Page 985.

97. ETIENNE REYMON DE BEZIS, ancien Capitoul de Toulouze.

Porte : D'azur à un lion d'or, et le chef cousu de gueules chargé d'un croissant d'argent acosté de deux étoiles d'or. — Page 496.

Déclaré noble en vertu du Capitoulat par M. de Bezons en 1669.

98. JEAN REYNAL, ancien Capitoul.

Porte : D'or à un chevron rompu de gueules, et un chef d'azur chargé de trois étoiles d'or ; party d'azur à une ville d'argent. — Page 985.

99. DOMINIQUE RICARD, Capitoul.

Porte : D'azur à une salamandre d'argent dans des flammes de gueules. — Page 582.

100. Noble CHARLES DE ROBERT, ancien Capitoul.

Porte : D'argent à un chêne de sinople englanté d'or, et un chef d'azur chargé d'un croissant d'argent (entre deux étoiles de même) ; écartelé de gueules à un lion d'or ; et sur le tout une croix d'or brochant sur les quatre quartiers. — Page 530.

Le texte porte : un chef d'argent..., sans ajouter accosté de deux étoiles.

Le Registre colorié montre le croissant entre deux étoiles.

101. Louis DE ROUSSET, Écuier Capitoul de la ville de Toulouze.

Porte : D'azur à un chevron d'argent

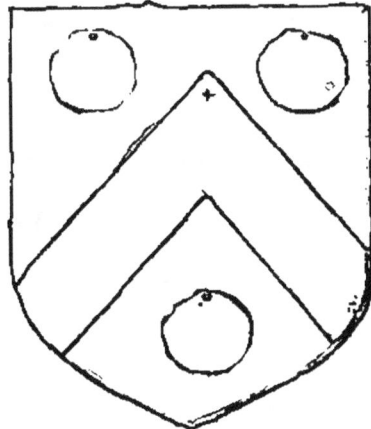

accompagné de trois besans d'or, posés deux en chef et un en pointe. — Page 1850.

102. Feu André ROYER, Avocat et ancien Capitoul de Toulouse, suivant la déclaration de

THÉRÈSE DE LA MARTINE, sa veuve,

Porte : De gueules à une roue d'or soutenue d'un croissant de même, et un chef cousu d'azur chargé de trois étoiles d'or. — Page 866.

103. Jacques DE SANCHELY, Conseiller au Présidial et ancien Capitoul.

Porte : D'azur à une croix patriarchale ou de Lorraine d'argent cantonnée en chef de deux étoiles d'or, et en pointe de deux coquilles de même. — Page 594.

104. Marie DE TILHOL veuve de

Noel-Etienne DE SOLEÏLHA-VOLPS, ancien Capitoul, a présenté l'Armoirie qui

Porte : D'azur à deux renards rampans et affrontés d'or, surmontés d'un
soleil de même. — Page 867.

Jean TILHOL, Capitoul en 1629, et Gabriel
TILHOL, Capitoul en 1669, se trouvent aux
Maintenus de M. de Bezons.

105. ANNE DE BELOT,
veuve de
CLAUDE DE SOUTERENE, an-
cien Capitoul.

Porte : D'azur à un soleil d'or nais-
sant du côté gauche, et une terrasse
d'argent d'où sort une femme de sinople au côté droit; et un chef de gueules
chargé d'une croix d'argent accostée de
deux étoiles d'or.

Le Registre colorié, page 865, porte d'azur
à une femme d'argent naissante d'une mer de
même, telle que nous la reproduisons. « Il
faudrait, dit une note ancienne au crayon,
élever la terrasse d'argent jusqu'au trait mar-
qué, afin de faire la femme naissante de sinople. »

106. GUILLAUME THOMAS, Conseil-
ler du Roy, Assesseur et ancien
Capitoul.

Porte : D'azur à trois trèfles d'or,
deux et un. — Page 583.

Royer

Sanchely

Tillol

Souterene

Thomas

Tilfaut

107. Noble Jean ARNAUD DE TIF-
FAUT, Écuier, Sgr de Saint-
Cristau, ancien Capitoul.

Porte : D'azur à trois chevrons d'or,
accompagnés de trois roues de Sainte-
Catherine d'argent, deux en chef et une
en pointe. — Page 445.

Se trouve aux Maintenus de M. de Bezons
en vertu du Capitoulat.

108. Noble Jean DU TILH, ancien
Capitoul.

Porte : D'or à trois Tils ou Tillots
de sinople rangés en pal et un chef
d'azur chargé d'un croissant d'argent
acosté de deux étoiles d'or. — Page 530.
Les Tils ou Tillots sont des Tilleuls.

109. Ollivier TOLOSANI DE LAR-
SESQUIÈRE ou DE LA SES-
QUIÈRE, Avocat en Parle-
ment, ancien Capitoul.

Porte : D'azur à une sirène d'argent
à double queue, chaque queue entor-
tillée dans chacun des bras de la sirène. — Page 27.

Il y a des héraldistes qui ont vu cette Sirène
tenant deux Dauphins par le bout de ses
queues pour s'en faire une couronne.

Olivier Tolosani, seigneur de la Sesquière doyen des Conseillers au Parlement de Toulouse, se trouve aux Maintenus de M. de Bezons.

110. Marin TORILHON, ancien Capitoul de la ville de Toulouse.

Tiercé en chevron de sable, d'or et d'azur. — Page 2435.

Armoiries imposées, analogues à celles de Dambeuf ci-dessus.

111. Bertrand DE LA TOUR, Conseiller du Roy, Référendaire en la Chancellerie, ancien Capitoul.

Porte : De gueules à un château couverten pyramide d'or, sur une terrasse de même, maçonné et ajouré de sable, et acosté de deux seps de vigne d'or feuillés et fruités de même ; et un chef d'azur chargé d'un croissant d'argent acosté de deux étoiles de même. — Page 679,

112. Marie D'ESQUERRE
veuve de
N... DU VERGER, ancien Capitoul,

Du Tilh

Tolosani

Torilhon

La Tour

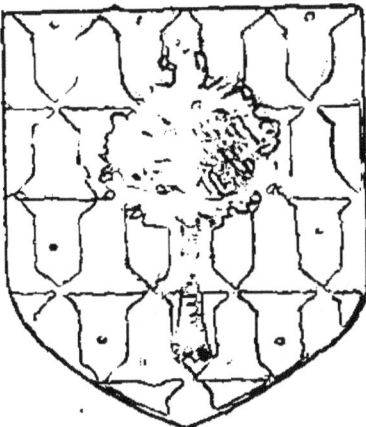

du Verger

Vignes

Vairé d'or et de gueules à un arbre de sinople brochant. — Page 866.

Je n'ai trouvé ce Capitoul que dans le Registre colorié. Mais dans les Maintenus de M. de Bezons, on trouve Jean VERGER, Capitoul en 1605, et Jean VERGER, seigneur d'Eder, conseigneur de Paulhac en 1618 et 1669.

113. JEAN VIGNES, Procureur au Parlement, ancien Capitoul.
Porte : D'argent à une bande de gueules accompagnée de deux étoiles de même. — Page 1029.

Dans les maintenus de M. de Bezons, on trouve Jean VIGNES, seigneur de Puilaroque en 1668.

Paris.— Imp. Moderne (Barthier, directeur), rue J.-J.-Rousseau, 61.

NOTES

~~~~

Page 11. — F. CAILLOT porte un chef d'azur chargé d'un croissant d'argent, et non d'azur, ce qui est une erreur de copie.

Page 21. — DE LA GARRIGUE; sur le Registre colorié de Dhozier il y a, au crayon, en marge : « C'est le feuillage de l'arbre qui doit être chargé d'un croissant de sable, et non pas le pied. » Nous avons donné le modèle du Registre.

Page 31. — J. PELLETIER porte au Registre colorié un chef d'azur. Quelques-uns de nos exemplaires le reproduisent de gueules, comme l'indique le Registre d'inscription.

~~~~~~~~~~

EXPLICATION

+	Argent.
q	Or.
α	Azur.
g	Gueules
ω	Sable
⦚	Sinople

N°

TABLE

(Nous avons répété les noms et surnoms avec
leurs diverses orthographes.)

~~~~~~~

www.ingramcontent.com/pod-product-compliance
Lightning Source LLC
Chambersburg PA
CBHW070928280326
41934CB00009B/1791